AF272799

Forlag: Books on Demand GmbH, København, Danmark
Fremstilling: Books on Demand GmbH, Norderstedt,
Tyskland
ISBN 978-87-7145-566-3

Den lille selvværds og selvtillids guide

Af Elizabeth S. Andersen

Tak til;

Alle mine venner og veninder, som har været med til at forme denne bog, jeg takker især min kusine for at have inspireret mig til at skrive denne bog, og jeg håber at andre kan få god nytte af den i fremtiden.

Elizabeth S. Andersen

I forbindelse med lavt selvværd er der som regel også disse ting at slås med;

- Selvmordstanker og eventuelle forsøg.
- Sorg og savn af forskellig art.
- Omsorgssvigt.
- Depression og anden psykisk sårbarhed(psykiske lidelser/sygdom som det nok er bedst kendt under).
- Misbrug(euforiserende stoffer, alkohol og meget andet).
- Mobning.

Disse ting vil vi også arbejde med i forbindelse med vores rejse mod bedre selvtillid og selvaccept. Men det er op til dig hvor langt du vil gå.

Når du skal arbejde med selvtillid er det vigtigt at du accepterer at du ikke har selvtillid og selvaccept, for du kan heller ikke arbejde dig op før du har accepteret det og ved at du har et problem. Det er også vigtigt at du har en du stoler på til at støtte dig og være der når du har brug for det. En psykolog/psykiater og/eller en rigtig god ven/veninde. En du kan vise følelser til altså, en du både kan græde og grine med. Et familiemedlem kan også bruges.

I denne proces vi nu skal igennem sammen, er det vigtigt at du ved hvem du er og at du har lyst til at arbejde med det, for det kan blive hårdt arbejde at arbejde med det.

Når vi nu har forberedt os på disse ting, så er det bare med at gå i gang og se hvad vi kan få ud af det.

Selvværd og selvtillid er egentlig 2 vidt forskellige ting, og her kommer definitionen på hvad det betyder for os;

Selvværd er den inderste følelse af, at du er godt tilpas med dig selv, som du er. Det er den grundlæggende viden om, hvem du er som person.

Selvværd er følelsen af, at hvile i dig selv og være tilfreds med den du er.

Du er et med dig selv.

Når vi taler om selvværd, handler det om;

- At du føler, at du har værdi som menneske.
- At du er okay, selvom du har dårlige sider ligesom alle andre.
- At du kan være dig selv uden at skulle præstere noget.
- At du føler dig værdsat og vigtig for andre mennesker.
- At du værdisætter dig selv og respekterer dig selv som den person du er.
- At du føler dig ligeværdig med andre mennesker.
- At du føler dig unik, og at ingen kan erstatte en i familien eller blandt venner.

- At du kan mærke hvem du er, hvad du kan lide og ikke lide, hvad du har lyst til og ikke har lyst til og så videre.

Selvtillid kan er den yderste følelse af, at du mener at du er god til noget, ser godt ud eller at du kan præstere noget værdifuldt.

Selvtillid er noget du kan få, på baggrund af det du kan, de kvaliteter du har tillært dig og de evner du har fået.

Når vi taler om selvtillid handler det om;

- At du tror på, at du kan det du sætter dig for.
- At ens evner og kvalifikationer rækker.
- At du har de færdigheder, der skal til.
- At du tror på at du er i stand til at få de færdigheder der skal til.

Hvem er jeg, hvad kan jeg?

Først skal du sætte dig ned med et par stykker papir og noget at skrive med, først alene og derefter med den person du har valgt at stole på, og gøre følgende;

- Skrive alle stærke sider ned. Fx; Jeg er god til at lytte.
- Skrive alle svagheder ned. Fx; Jeg er ikke så god til at rose mig selv.

Giv dig selv karakter mellem 1-10 og se hvad der kan gøres bedre, og hvordan det kan gøres bedre, tal med personen du har valgt, om dette efter at du har været ærlig med karaktererne. Husk at når du skal udføre opgaven, skal du huske både selvtilliden og selvværdet.

Her kommer et par digte om selvværd og selvtillid;

Ret og vrang

Virkeligheden er en vrangforestilling,

Kun en person med et sygt sind tør leve i og for drømmen,

Leve den ud.

Det gør personen til et meget stærkt individ,

Som tør tage en chance,

Og løbe en risiko for at nå sin drøm og målet bag det.

Virkeligheden som den er,

Er ødelæggende,

Den ødelægger mere end drømmen.

Menneske drømme er dit indres råb

Et råb om frihed og fantasi,

Og hvis du er åben og ærlig nok over for dig selv,

Er du…

Fri…

Fjende

Nogen mener at ens værste fjende

enten er en person, et dyr, ens forældre,

eller noget helt andet…

Men ens allerværste fjende

er faktisk, en selv.

Vi er selv bedst til at straffe og beskytte os selv,

Og vi giver som regel andre skylden

For det eller de ting vi selv gør

Vi er tit for dumme…

Lader andre såre og manipulere med os

Igen og igen…

Vi afstraffer os selv,

med den dybe ensomhed,

for ikke at lade det hele starte på ny…

Hvornår bliver vi klogere?

Bliver vi nogensinde klogere?

Sten (Identitet)

Jeg er i sol,

Jeg er i regn

Jeg bliver trådt på,

Jeg bliver holdt af

Bliver smidt væk,

Gjort til minde

Nogle mener,

At jeg har særlige evner

Andre mener,

At jeg er ganske værdiløs

Udenpå er jeg en taber...

Men hvad med inden i?

Måske?

Måske gemmer der sig en vinder i skyggerne?

Træ (Identitet)

Majestætisk,

Står jeg i de lette briser

Mærker solen liv

Omkring mig emmer alt af fred

Fugle synger deres glæder og hjerter ud

Smerte,

En økse kløver mig

Langsom mærker jeg det skarpe blad

Splitter mig mere og mere

Fuglene skriger og skyerne gråner

Mørket omringer mig

Jeg vågner...

Kan splittede rødder samles?

Kan visne blade og blomster,

Blomstre på ny?

Når vi har taget dette skridt, så er vi klar til at arbejde videre med os selv, og nu skal vi så til at arbejde med vores jeg på en helt ny måde

1) Hvad skete der siden vi har så lavt et selvværd?
2) Hvorfor har vi lavt selvværd?
3) Hvornår skete det?
4) Hvad vil vi gøre ved det?
5) Hvordan gør vi det?

Det allersidste spørgsmål kan besvares nemt, som der er blevet nævnt tidligere, så brug en som du har stor tillid til, enten i form af psykolog/psykiater, familie eller venner/veninder. Når du taler om lavt selvværd og selvtillid, er det vigtigt at du stiller dig selv nogle spørgsmål, og arbejder ud fra dem. Når du har fundet alle disse svar, eller bare nogle af svarene, så stilles der yderlige spørgsmål inde i hovedet på os, og dem skal du skrive ned på et stykke papir så det bliver mere overskueligt. Tag derefter spørgsmålene en efter en og besvar dem efter bedste hukommelse.

Nu skal vi have en mindre pause med opgaverne og høre historier fra forfatterens verden, historierne er om lavt selvværd og hvordan personerne har reageret på det.

Historier fra forfatterens verden

Ann;

Ann begyndte som selvstædig butiksmedhjælper, hun var sidst i 20'erne da det hele begyndte at ramle for hende. Hun havde en lang periode med stress, hvor efter hun endte med at få en meget svær depression, som fik hende langt ned.

Ann kom på psykiatrisk, og måtte komme og gå grundet hendes svage psyke. Hendes selvtillid var helt i bund, og hun kunne ingenting... Grundet dette måtte hun også gennemgå elektrochok... Hun blev prøveklud for forskelligt medicin, og blev erklæret maniodepressiv til sidst.

Efter nogle år kom hun på institution, hvor hun boede i nogle år, og fik hjælp til de forskellige gøremål. Hun fik det rette medicin, og fik hjælp til hendes selvværdsproblemer. Hendes selvtillid fik også et boost opad.

Ann bor i dag for sig selv og lever et selvstændigt liv uden for institution. Går stadig til kontrol i lokalpsykiatrien og får medicin, men at få hjælp fra det offentlige har virkelig hjulpet hende til at komme videre, Samt at hendes veninder har været der for hende. Takket være institutionen, har hun nu et værdigt liv igen.

Vivi;

Vivis liv har været meget turbulent, hun fik psoriasis som 9-årig og begyndte at skjule sig for sine kammerater ved at dække sig med tøj og undgå at vise sig for meget uden tøj.

Da hun blev teenager, da hun var ca. de 13-14 år, udviklede hun anoreksi, da hun mente at hun var blevet for fed, og det gjorde heller ikke tingene bedre at hendes psoriasis blev værre.

Vivi blev indstillet til psykiatrien,ved at hun gennem et værested, som hun kom i til dagligt, fik en behandler som virkelig hjalp hende, hun blev erklæret psykisk syg med paranoid skizofreni og OCD, da hun var 21 og fik sin pension, og så rullede snebolden da først for hende, hun gled ind og ud af psykiatrien, havde flere breakdowns, prøvede forskelligt medicin og har haft nogle selvmordstanker og forsøg undervejs. Hun havde dog sin behandler som hjalp hende flere gange.

Vivi møder så X og føler sig rimelig lykkelig for en stund og beslutter at få et barn med ham, lige indtil hun finder ud af at han egentlig er rimelig ligeglad med forskellige ting, sidder foran computeren dagen lang, lader hende sørge for mad, opvask og alt andet. Han er hende utro enkelte gange hvor hun får talt med ham og reddet tingene lidt ud. Hun får et barn, prøver at samle familien, og det virker da for en tid og hun bliver gravid igen, hvorefter han begynder at blive, som han var før… Hun kæmper med det hele selv og finder ud af gennem en veninde at han under hendes anden graviditet, har forsøgt at være sammen med hende, at han har forespurgt sig om hun ville have noget med ham at gøre. Hun sagde pænt nej tak og gik til Vivi med det hele. Men Vivi vælger at give ham en chance mere og beslutter dig for at blive sammen med X.

På et senere tidspunkt hvor begge børn har vokset dig lidt større, kommer Vivi på sygehuset for at få behandling, hvor hun møder Y, Y er en sød udadvendt fyr og hun forelsker dig på stedet, han er simpelthen X's totale modsætning og hun tager hjem og gør det forbi med X, og flytter sammen med Y.

Siden hun mødte Y, har hun ændret dig radikalt, er blevet mere glad og udadvendt, hun har selvfølgelig stadig lidt med sin psyke, men ikke i så stor grad som hun havde før hun mødte ham, for han har accepteret hende som den hun er, med psyke og det hele, så hendes selvværd er blevet væsentlig bedre. Hun er i mellemtiden blevet forfatter til flere bøger, og har familie og venner som støtter hende.

Lily;

Det hele startede for Lily efter hendes ophold på børnehjem, hvor hun blev krænket mod sin vilje, blev mobbet og brugt som boksebold gennem hele folkeskolen...

Lily ville have et sabbatår efter 10. klasse, men hendes mor gik i mod Lily's ønske, og ville have hende på skole, for at hun kunne bedre gøre sig og få en uddannelse.

På hendes 17 års fødselsdag gik det helt galt, kunne ikke sove om natten, fik uro, fik selvmordstanker, og gjorde også sit for at forlade verden...

Det hele endte med at hun kvittede skolen, og legede med døden... Hun spillede ånden i glasset og fik forfølgelses-vanvid... Oven i det, kom hendes selvværd og selvtillid helt i bund...

Hun flyttede rundt og rundt, og endte med at komme til den her by, hvor hun opsøgte lokalpsykiatrien, hvor hun endelig fik hjælp. Efter nogle år kom hun på fode igen, og har droppet alt om selvmord, og kæmper nu for et godt liv.

Joan;

Joan gik på sygeplejerskolen i 1999, hvor hun begyndte at få angst og startede derefter hos en psykolog, og fik antidepressiv, og stoppede derefter hos psykologen efter 4 måneder.

Det første 1½ år gik det rigtig godt, og der var ingen tegn på sygdom af nogen art. Joan kom i psykiatripraktik, hvor hun fik at vide at hun skulle stoppe og sygemeldes af personalet, da hun virkede for grænseløs, og passede bedre sammen med brugerne end personalet. Hun havde ingen erkendelse af at det gik skidt. Stoppede dog i praktikken, på grund af personalet. Mistede derefter modet til praktik og kom derfor ikke i gang igen.

Ca. 1½ år senere, blev hun dagspatient i lokalpsykiatrien, på grund af depressive symptomer i svær grad, der gik nogle måneder på den måde, hvorefter hun blev indlagt som fast patient. 2 måneder efter fik hun førtidspension, og i den tid skulle den revurderes efter 2 år, så det var en meget stressende tid. Mødte dog en fyr, blev udskrevet og flyttede.

Der gik max. 4 måneder fra hun mødte fyren, før hun blev indlagt igen, derefter blev hun svingdørspatient, hvor hun røg ind og ud af psykiatrisk. Har haft uadskillelige mange diagnoser gennem tiderne.

Gennem alt dette, har selvværdet været ekstremt lavt, og Joan havde lyst til selvmord og gik meget med tanker om døden på grund af fortid, samt nederlag og indlæggelser…

Kom derefter via lokalpsykiatrien til et brugerhus, hvor hun gradvist fik det bedre, dyrkede derefter musik som så gav hende mening og livskvalitet, mødte nogle mennesker som gav hende lidt mere selvaccept, og hun begyndte at reagere mere naturligt på tingene.

Prøvede også alternativ behandlingsformer, for at udforske og finde en måde at blive hel på, det hjalp i en overgang, hun smed derfor medicinen i et stykke tid. Hun troede at hun kunne undvære medicinen.

Mødte en ny fyr som, gav hende sand kærlighed, ærlighed tillid og respekt.

Men røg ind på psykiatrisk igen i 2011, efter et selvmordsforsøg, som hun stoppede sig selv i, hvorefter hun kom på medicin igen og fik elektrochok. Efter hendes tur på psykiatrisk fik hun det bedre og får nu medicin, som hun tager hver dag. Hun har det nu godt og bruger sin tid på at nusse om heste. Da hun har en forkærlighed for heste, er det det bedste for hende da det giver selvtillid og selvværd at kunne yde noget, og være der for dem.

Hun har nu fundet værdi i de små ting i livet og ser nu meningen med at se på fugle og dyr, at nyde dagene.

At have nogen du stoler på betyder meget undervejs på vores rejse gennem selvtillidens land.

Som pårørende skal du huske disse ting;

- Ros ham/hende når han/hun gør noget godt.
- Påmind ham/hende om at han/hun skal huske at rose sig selv, når der bliver gjort noget godt.
- Selv om du ikke kan hjælpe med noget, så vær der for ham/hende, lad din skulder være den skulder han/hun græder ved.

- Sig til ham/hende at det er en styrke at kunne græde, da det er at vise følelser, og dem der tør vise sine følelser er stærke mennesker.
- Tag opgaverne sammen med ham/hende, løs dem sammen og giv karakterer så han/hun kan se at nu er det sådan, og næste gang, så går det bedre, og hvis tilbagefald, så vær den der siger; - Kom, vi prøver igen, det kan kun blive bedre næste gang.
- Der skal ske tilbageskridt, før der kommer fremskridt.
- Lyt, uanset hvad, og græd endelig med, hvis du har brug for det. Både for hans/hendes skyld og for din egen.
- Du må ALDRIG nogensinde sige ordene 'Tag dig sammen'.
- Lav jokes, hvis det er overskueligt, for lidt grin kan fjerne tankerne lidt fra det triste.

Selve processen for at få et bedre selvværd tager lang tid, og ja det er lidt af en kamp for at overvinde den såkaldte djævel som sidder på den ene skulder og taler ned til en. Men der er det godt at have en at dele det hele med. Det er så dejligt at få det ud og få det vendt.

Her er lidt håb;

Lyset i mørket

Depression, sorg og afmagt

Er som en lang vinter

Uden lys

Uden varmen og glæden

Du spekulerer

Sidder og stirrer tanketomt ud i natten

Gruer for morgendagen

Sidder der alene...

I dag sidder jeg her sammen med dig

Ser på stjernerne

Lyser i den klare nat

Jeg kan begynde at mærke varmen

Hver stjerne er min ven

De giver mig lys og håb

Nattens vindes lette briser kysser mig

Blidt og kærligt

Mens jeg ser på dig og drømmer

Drømmer mig frem i tiden

Hvor en smuk forårssol skinner

Mens træer og blomster kommer op

Efter en lang søvn under den kolde jord.

Alt dette kan jeg dele med dig

Du er mit lys i mørket

Jeg vil være din stjerne i natten

Hjerteslag

Hele verden ligger åben for dig,

Det der fik dig ned med nakken

Forsvinder når du ligger og lytter

Lytter til det sagte slag

Dit hjerte giver når blodet suser af sted

Lad ikke ydmygelse og vrede nå dig

Lad dig aldrig stille bag i køen når andre snyder

Vær taknemlig for at du stadig står hvor du gør

Intet kommer til dig let af sig selv

Gennem stolthed og vilje vil du nå dit mål

Brug dit hjerte til at styre

Dine ører til at kunne lytte til slaget

Brug dine fødder til at gå slaget

Dine hænder til at afværge faldet

Brug dine øjne til at se dine fejl

Og brug dine drømme til at rette dem

Uanset hvad, så giv ikke op

Grib chancen når den er der

Lad være at vende dig fra det hele

Du kan ikke leve uden smerten

Du rejser dig – Prøver igen

Åben dit hjerte for mulighederne

Mærk at det slår

Så længe det slår

Ved du at du lever

Lykken vender

Der hvor alt før var gråt og sort

Er alt nu i strålende lys

Der hvor alt før var trist

Er alt nu i glædens fryd

Der hvor alt før var sorg

Er alt nu lykke

Der hvor alt før var ensomt og tomt

Er alt nu fælles og sammenhold

Før var det indestængte følelser

Sorg, ensomhed og grå hverdag

Du græd, spekulerede på forskelligt;

Fortid, nutid og fremtid med triste miner

Og opgav ved mindste forhindring

Nu er det glædens følelser

Lykke, sammenhold og livets lyst

Du ler, smiler og breder armene ud

Omfavner den lyse dag i nuet

Og lader den mildt omfavne en tilbage

Før var der opgivet ved det mindste

Hvor du nu omfavner forhindringen

Møder den åbent

Du ved du kan

Hvor der er en vilje er der vej

For lykken vender

Til slut skal vi se tilbage og se, har det hjulpet, eller har det ikke hjulpet?

Hvis det ikke har hjulpet, så tab ikke modet, men prøv igen!

Man skal altid huske at man altid er noget værd for mindst en i denne verden, og det er denne ene der holder det hele oppe.

Hvis det har hjulpet, så giv endelig dig selv et skulderklap, for du har ærligt og redeligt fortjent det!!!

Elizabeth S. Andersen